AF496111

NOTE

SUR

LA LOI "EMPTOREM"

C. loc. Cond. IV, 66, loi 9

PAR

ED. MEYNIAL

PROFESSEUR A LA FACULTÉ DE DROIT

DE L'UNIVERSITÉ DE MONTPELLIER

Extrait des *MÉLANGES GÉRARDIN*

LIBRAIRIE

DE LA SOCIÉTÉ DU RECUEIL J.-B. SIREY & DU JOURNAL DU PALAIS

Ancienne Maison L. LAROSE et FORCEL

22, *rue Soufflot, PARIS, 5e arrdt*

L. LAROSE & L. TENIN, Directeurs

1907

NOTE

LA LOI " EMPTOREM "

C. loc. cond., IV, 66, loi 9

C'est un texte bien connu. Il décide que l'acheteur d'un fonds de terre [1] n'est pas obligé de s'en tenir au fermier auquel le vendeur a antérieurement donné la terre à bail (*stare colono*) [2], à moins que le maintien du colon dans sa tenure ne soit une condition de la vente. Si l'on peut prouver que l'acheteur a, par un pacte, consenti à ce que « le colon demeure dans la même location », l'acheteur peut être contraint même si on n'a rédigé de cette convention aucun écrit, à

(1) Je m'en tiens à la leçon ancienne du texte : EMPTOREM *quidem fundi necesse non est stare* COLONO. La lecture Krueger est très sensiblement différente : EMPTORI..... *stare* COLONUM. La lecture de Krueger est bien difficile à accepter : avec elle le texte signifierait que le colon n'est pas tenu de garder son exploitation sous le *dominium* de l'acheteur. Comment, avec ce sens, expliquerait-on le *nisi ea lege emit?* Il aurait fallu *nisi ea lege conduxit.* Cette remarque me paraît assez péremptoire pour l'emporter sur toutes raisons paléographiques. Et d'ailleurs ces raisons mêmes ne sont pas insurmontables.

(2) Je traduis *stare colono* par ces mots « s'en tenir au fermier ». On pourrait les entendre avec cet autre sens un peu différent : « s'arrêter devant le fermier. » Cela voudrait dire que, de droit commun, l'acheteur n'est pas tenu de ne pas expulser, mais peut-être aussi qu'au cas de clause *nisi ea lege emit*, il est au contraire contraint de s'arrêter. On serait mené à donner à la clause d'entretien du bail un effet prohibitif absolu qui serait en contradiction avec le simple recours au *judicium bonæ fidei* accordé par la loi *emptorem* elle-même au locataire. Voir ci-dessous.

respecter sa promesse, au moyen d'une action de bonne
foi.

La constitution est d'Alexandre Sévère. Elle est adressée
à Fuscus, qui apparaît dans les fastes consulaires en 225. Il
est raisonnable d'assigner cette date au document.

A l'analyser, le texte contient d'abord une règle : à savoir
que l'acheteur peut expulser le locataire de la terre achetée.
C'est le principe que traduit le brocard célèbre « vente passe
louage ». Puis à cette règle s'ajoute un tempérament :
une convention contraire peut obliger l'acheteur à respecter
la jouissance du locataire.

La règle est d'une application juridique assez aisée :

L'acheteur, après qu'il a reçu tradition, est investi d'un
droit réel dans la chose. Le locataire n'a sur la jouissance de
la chose qu'un droit personnel. Or le droit réel l'emporte,
au cas de conflit, sur le droit personnel. Le droit personnel
du locataire n'est opposable qu'au vendeur, avec lequel seul
l'acheteur a contracté, et non pas à l'acheteur : l'acheteur
n'est en effet que le successeur à titre particulier du vendeur
et n'est pas grevé des obligations que celui-ci avait contrac-
tées à l'occasion de la chose vendue. Donc, en cas de conflit,
l'acheteur est préféré au locataire.

Voilà la règle. Le tempérament est d'un fonctionnement un
peu plus compliqué.

L'acheteur peut d'abord avoir promis dans l'acte de vente
de respecter la jouissance du fermier. C'est vis-à-vis du vendeur qu'il s'est engagé et c'est le vendeur qui sera armé de
l'*actio venditi*, s'il viole son engagement. Rien n'empêchera
d'ailleurs le vendeur de céder, s'il le veut, son action au locataire afin de s'exonérer vis-à-vis de celui-ci des conséquences de l'expulsion par l'acheteur. La clause d'entretien
du bail, comme on l'appelle communément, est un exemple
de stipulation pour autrui. Mais nous sommes dans un cas
où sa validité ne fait guère de doute. Le vendeur a intérêt
à ce que l'acheteur respecte la possession du fermier, car
autrement il pourrait être poursuivi par le locataire au moyen

de l'*actio conducti*. Quant aux rapports entre l'acheteur et le locataire au cas où l'acheteur, au mépris de la clause d'entretien du bail, voudrait cependant expulser le locataire, on peut se demander si le locataire ne pourrait pas lui-même invoquer la promesse que l'acheteur a faite au vendeur pour obtenir directement de l'acheteur les dommages-intérêts convenables, ou même si cette clause n'a pas pour effet de permettre au locataire de résister à l'expulsion et de s'y refuser. Le locataire a-t-il une action directe? Ou même la clause a-t-elle un effet que je qualifierai de réel? Le texte n'est pas très clair à ce sujet. Pourtant il serait difficile de nier qu'il ne prévoit pas que le locataire puisse résister à l'expulsion. Il lui accorde seulement un *judicium bonæ fidei*, c'est-à-dire une action personnelle en réparation, laquelle suppose précisément le dommage de l'expulsion déjà causé. La clause a donc vraisemblablement un effet simplement personnel. En outre la qualification de *judicium bonæ fidei* donne bien à penser que c'est l'action même du contrat de vente, l'*actio venditi*, qui lui est accordée, probablement par suite d'une cession sous-entendue.

L'acheteur pourrait aussi avoir fait directement une promesse au fermier : rien dans le texte ne détourne de le supposer. L'acheteur serait alors, vis-à-vis du fermier, dans la même situation dans laquelle était le vendeur avant lui.

Enfin l'Empereur déclare qu'un pacte de ce genre est valable même si la convention n'a pas été rédigée par écrit. Il faut croire cette affirmation, d'autant plus facilement que la rédaction d'un écrit n'est pas encore une formalité très fréquente[1]. C'est surtout sous Justinien qu'il est d'usage de soumettre la validité du contrat à cette rédaction. La réserve de l'Empereur signifie que le pacte adjoint à la vente vaudra alors même qu'il n'aura pas été mentionné dans l'écrit, à supposer même que la vente soit de celles dont le désir des

----

(1) Cf. les deux lois de Zénon que je signale plus loin et où l'écrit joue au contraire un rôle prépondérant. C. locat. cond. 4, IV. 66, l. 32 et 34.

parties a soumis la perfection à la rédaction de l'écrit (il n'y aurait d'ailleurs rien de surprenant à ce que cette dernière incidente fût l'œuvre de la commission de rédaction de Justinien).

La forme grammaticale du texte ne manque pas non plus d'intérêt. A le lire sans prévention, il semble bien que c'est pour la règle générale du droit d'expulsion de l'acquéreur qu'elle a été écrite et non pas en vue du tempérament que cette règle comporte. Si l'Empereur avait surtout voulu insister sur la clause d'entretien du bail, il lui eût été bien facile d'employer telle autre tournure, comme : « quoique l'acheteur ne soit pas tenu... cependant, etc. », ou une autre analogue. Nous sommes à une époque où la langue juridique est assez précise et assez correcte pour qu'on doive tenir compte de cette remarque.

Enfin, j'appelle l'attention du lecteur sur le petit mot *quidem*. Veut-on s'en servir pour opposer l'acheteur du fonds à tout autre acquéreur, par exemple à l'acquéreur à titre gratuit, auquel ceux qui ne sont pas éclairés pourraient songer à refuser le droit d'expulser le fermier[1]? Veut-on insister sur le droit de l'acheteur d'un fonds de terre, pour l'opposer à celui de l'acheteur de tout autre objet? Ou bien veut-on seulement affirmer avec plus de force le droit de l'acheteur contre les doutes de celui qui a posé la question à l'Empereur? Pour choisir entre ces hypothèses, il faudrait connaître le commencement de la lettre impériale et nous ne le possédons pas. En tout cas toutes ces hypothèses concourent en un point, à savoir que l'Empereur veut comme redoubler son affirmation relativement au droit de l'acheteur d'un immeuble rural, quelle que soit l'opposition qu'il désire écarter. En ce sens nous avons ici une confirmation de la précédente remarque. Nous en concluons donc que c'est surtout à la *proclamation du droit d'expulsion de l'acheteur d'un bien rural* que l'Empereur s'est attaché.

(1) C'est une distinction que fait Pothier, *Traité du contrat de louage*, n. 206.

C'est ce droit d'expulsion qu'il faut étudier et dans l'hypothèse particulière prévue par la loi.

I. Si l'on se transporte un siècle et demi après, il est difficile d'admettre que l'acheteur ait conservé le droit d'expulser le colonus.

Ce qui caractérise le colonus à cette époque, c'est que, par une lente transformation de sa condition, il est devenu désormais partie intégrante de la terre; il fait partie de l'*instrumentum fundi;* on estime nécessaire à la bonne culture de la terre et par suite à la bonne administration de l'empire et à sa prospérité économique que les hommes qui travaillent la terre ne puissent être, pour aucune raison, détournés de leur tâche traditionnelle. On connaît trop, pour qu'il faille y insister, la lutte engagée, à cette occasion, entre les petites gens des campagnes qui veulent parfois s'évader de la terre et l'État qui les y enchaîne. Elle se traduit par un ensemble de mesures de coercition qui permettent aux propriétaires de recouvrer les fugitifs et de les ramener sur la tenure dont ils sont les serfs : *nulla licentia colonis fundum relinquere*[1]. Mais il ne faut pas oublier que le même intérêt public exige qu'on empêche les maîtres de chasser leurs coloni et de préparer ainsi la ruine de leur exploitation. C'est pour cela qu'on interdit au maître même d'attacher son colonus à une autre de ses terres que celle à laquelle il appartient ou de le garder pour son service, s'il vend la terre sur laquelle réside le colonus. A plus forte raison s'oppose-t-on à ce qu'il les soustraie, quand il n'aliène pas la terre, au service de l'exploitation rurale[2]. Quant à l'acheteur, aucun texte ne lui interdit à la vérité formellement d'expulser le colonus. Mais comment expliquerait-on qu'on eût interdit au propriétaire de changer son colonus de ferme ou de l'enlever à la culture, si l'on n'eût pas imposé à l'acheteur une même prohibition? La différence qui sépare l'acheteur du propriétaire vendeur, à savoir la

---

(1) *C. de agric.*, XI, 48 (49), l. 23, § 1.
(2) *C. eod.* l. 2. Constantin (357).

soumission du vendeur à un engagement personnel vis-à-vis
du colonus, on sent bien qu'elle ne pèse d'aucun poids dans
la réglementation de la condition du colonus et que ce n'est
nullement pour la sanctionner qu'on restreint la liberté du
dominus : la même obligation de maintenir le colonus à sa
terre incomberait d'ailleurs au propriétaire même en dehors
de tout contrat. Ce qu'on veut, c'est, dans un intérêt public,
conserver le colonus à sa terre, et ce but, il est aussi urgent
de l'atteindre vis-à-vis de l'acheteur que vis-à-vis du propriétaire vendeur. Si nos textes ne prévoient pas, pour la prohiber
expressément, l'expulsion du colonus, c'est qu'en fait l'acheteur n'expulse guère les coloni. A cette époque il redoute
plutôt leur désertion. On peut donc dire que les coloni ont
acquis le droit de conserver leur tenure aussi longtemps qu'ils
paieront leur redevance et que ce droit est opposable même
à l'acheteur. On a même, pour assurer davantage leur condition, interdit au *dominus* d'accroître leurs redevances : le *mo-
derator* de la province est chargé d'y veiller[1]. Perpétuité de
la tenure, fixité de la redevance, ce sont les deux traits qui
caractérisent la condition du serf au Moyen-Age et qui appa-
raissent déjà à cette époque. Si les propriétaires ont gagné
au colonat la stabilité de leur exploitation rurale et la souve-
raineté sur tous ceux qui habitent leurs terres, les coloni y
ont aussi trouvé, au prix de leur liberté, une vie moins pré-
caire et un lien avec la terre qui leur procure les avantages
d'un droit réel. C'est l'aspect bienfaisant de l'institution qui
explique et sa durée et l'attrait qu'elle a exercé sur les classes
tombées dans la misère.

Au IV° siècle, il faut donc renoncer à croire à la persistance
du droit d'expulsion de l'acheteur vis-à-vis du colonus.

Je sais bien qu'autre chose est le colonus du IV° siècle et
autre chose le fermier libre du III° siècle qu'on désigne sous
ce même nom et que la loi *emptorem* a en vue. On peut se
demander si, à supposer que la loi *Emptorem* soit inapplica-

[1] *C. eod.* l. **23.**

ble au colonus demi-esclave du iv° siècle, elle n'a pourtant pas continué à gouverner les rapports de l'acheteur d'un fonds de terre et du petit fermier libre qui au iv° siècle correspondrait par sa condition sociale au colonus du iii° siècle. La question n'aurait pas grande portée, car, en fait, les petits fermiers libres du iii° siècle sont devenus les coloni du iv° siècle. Il s'est produit une dépression *professionnelle et générale* qui a atteint tous les cultivateurs, par cela seul qu'ils cultivent la terre. Au iv° siècle il n'y a plus de petits fermiers libres à qui on reconnaisse le droit d'abandonner leur tenure. Pourtant la question peut être envisagée un peu différemment.

Je n'ai parlé, avec les termes mêmes de la loi *emptorem*, que du *colonus*. N'y a-t-il pas lieu de s'occuper de ceux qui, sans être qualifiés ainsi, sont pourtant aussi des fermiers d'un fundus ou d'une villa? On rencontre en effet dans les textes juridiques ou littéraires, comme deux degrés superposés hiérarchiquement de preneurs à bail, les *coloni* et les *conductores*. Les *coloni* de Caton ou de Columelle[1] sont de petites gens qui prennent la charge d'une terre. On sent bien leur condition très misérable, notamment dans l'inscription de Souk el Khmis[2] : ils se plaignent d'être molestés et même battus de verges par le conductor, quoique certains d'entre eux soient citoyens romains. Au-dessus d'eux est le *conductor*, sorte de fermier général[3] ou du domaine tout entier ou d'une portion importante de ce domaine. La condition du *conductor* ne s'est pas affaissée au iv° siècle comme celle du colonus. A ce moment, les *conductores* sont des hommes de la bourgeoisie romaine, parfois même d'une classe plus élevée. Paulin de Pella, le petit-fils d'Ausone, que les invasions des Goths et

(1) Colum. de re rustica. I. VII. Les coloni sont placés à côté des servi.

(2) Rescrit de Commode « *vexari alios, alios vinciri, nonnullos cives etiam Romanos virgis et fustibus effligi jusserit...* » Girard, p. 181. — Esmein, *Mélanges. Les colons du saltus Burunitanus*, p. 305.

(3) Rescrit de Commode, *eod. loc. — Id. inscript. d'Henschir Mettich,* Girard, p. 183 et suiv.

des Alains ont ruiné, espère retrouver l'aisance en prenant à ferme des terres comme *conductor* [1]. C'est plus tard seulement que le même mouvement de dépression les a entraînés à leur tour. Il faut arriver aux lettres de Grégoire le Grand, à la fin du vi° siècle, pour le constater. Les textes du Code Théodosien [2] ou du Code de Justinien les signalent encore soit à propos des domaines publics, soit à propos des autres terres. La durée habituelle de leur bail est de cinq ans.

A ceux-là la loi *emptorem* n'a-t-elle pas été applicable? Il est probable que si, malgré les expressions du texte, parce que, vue à grands traits, sa solution est conforme au droit commun de la *locatio conductio*. Toutefois on aurait tort d'en exagérer la portée pratique. D'assez bonne heure en effet les baux temporaires des *conductores* tendent à se transformer en baux perpétuels. La difficulté de trouver des fermiers solvables, au milieu de l'appauvrissement général du monde romain depuis le iv° siècle, jointe à la pratique très répandue de la tacite reconduction, explique cette transformation [3]. Parmi les propriétaires, les uns renoncent à la *conductio* temporaire et tendent à faire du *conductor* une sorte d'intendant de leur exploitation en régie, comme dans les terres d'Église [4], les autres aspirent à la perpétuité de la tenure. Certains même veulent l'imposer et obligent les *conductores* à recourir à l'Empereur pour y échapper. Il en est ainsi dès l'époque d'Hadrien et le Code signale de nouveau ces mêmes essais de contrainte sous l'empereur Philippe [5]. Ce sont des tendances qui se trouvent en harmonie avec les nouvelles tenures de droit public, comme le *jus perpetuum* ou l'emphy-

---

(1) Eucharisticon, v. v. 536, 537.

(2) C. Theod. XI, 16, l. 12, l. 20, etc. — C. Just. XI, 36, 71. — His, *Die domänen der römischen Kaiserzeit*.

(3) Cf. Esmein, *Mélanges, Les colons du saltus Burun*, p. 315. — Mommsen, *Dekret des Commodus*, etc.; Hermès, XV, p. 402. Dig. *loc. cond.*, XIX, II, l. 13, § 11.

(4) Grégoire le Grand, *Epist.*, I, 42, V. 31, XIII, 37, **M. Gr. H.**

(5) C. Just., *loc. cond.*, IV, 65, l. 11.

téose. Nous n'en saisissons l'expression que dans l'exploitation des domaines impériaux[1]. Mais il n'est peut-être pas nterdit de supposer que la pratique rurale du droit vulgaire a su donner une forme à ces aspirations en organisant les tenures perpétuelles privées bien plus fréquemment qu'on ne le dit d'ordinaire. La perpétuité coutumière de la tenure est même si conforme à la pensée populaire qu'on se refuse souvent à tolérer l'exercice par le propriétaire de son droit d'expulsion vis-à-vis du *conductor*, même après l'expiration du bail. Au vᵉ siècle, il faut que, par deux fois, l'empereur Zénon proclame que le propriétaire a le droit de louer sa maison ou sa terre (*locum*) à qui bon lui semble et pour cela de l'enlever au *conductor* actuel afin de la confier à un autre. On s'oppose en fait à la prise de possession du fonds par un autre *conductor;* on intente même des actions en justice contre ce nouveau locataire, en lui déniant sans doute le droit de prendre à bail la terre exploitée antérieurement par un autre. L'Empereur donne raison au propriétaire, mais l'opinion lui est si hostile qu'il faut que l'empereur use de menaces vis-à-vis de ceux qui molesteraient le nouveau *conductor* (C. Just., *loc. cond.*, IV, 66, l. 32 et 34). Toute l'émotion que soulève l'exercice de ce droit d'expulsion ne traduit-elle pas combien la conscience populaire est favorable au droit du preneur sur sa tenure? Est-il trop audacieux de supposer qu'elle aurait défendu ce preneur avec la même énergie contre l'acquéreur que contre le propriétaire?

Ces remarques conduisent, non pas à refuser toute portée à la loi *emptorem* en matière de baux ruraux, après le ivᵉ siècle : son insertion au Code de Justinien, sa survivance dans les traditions postérieures à l'invasion[2] et enfin l'attitude de l'empereur Zénon infirmeraient cette thèse. Mais elles mènent à constater, dans la portée d'application du texte, une

(1) Cuq, *Le colonat partiaire dans l'Afrique romaine.*
(2) Summa Perusina, IV, 65, l. 9. « Qui fundum emit, si non promisit colono quem invenit ibi permanere, repellit illum ». Patetta, 1900, p. 134.

dégradation lente, une désuétude croissante qui fait vite de
la décision d'Alexandre l'expression d'un droit théorique que
la conscience populaire réprouve.

II. Voilà pour l'application de la loi *emptorem* au fermage
des terres dans le droit postérieur au III° siècle, ou si l'on
aime mieux pour les destinées de cette constitution dans le
droit du Bas-Empire. Je n'étudie pas sa portée dans les autres
sortes de louage, puisque c'est pour le louage rural qu'elle
a été écrite. Il n'est pas sans intérêt maintenant de rechercher,
à l'inverse, dans quelle mesure elle se relie à l'état juridique immédiatement antérieur, ou bien le contredit.

Si l'on se place un siècle avant la loi *emptorem*, il est difficile de dénier à l'acheteur, d'une manière générale, le droit
d'expulser le preneur quand il le veut, même avant l'expiration du bail. Gaius [1] conseille au vendeur d'insérer dans la
vente la clause d'entretien du bail. Car autrement, dit-il, le
preneur expulsé se retournerait contre le vendeur qui devrait
le dédommager. On ne peut pas plus clairement reconnaître
à la fois le droit d'expulsion qui appartient à l'acheteur, sauf
clause contraire, et l'obligation de réparation qui grève le
vendeur-bailleur au cas d'expulsion. A l'instar de l'acheteur,
le nu-propriétaire ou le légataire du fonds n'ont aucun ména-
gement à garder vis-à-vis du preneur en cours de bail, n'étant,
comme l'acheteur, tenus d'aucune obligation de faire jouir :
c'est à l'usufruitier ou à l'héritier que le preneur devra s'a-
dresser pour obtenir réparation [2].

Ce n'est même pas seulement l'acheteur qui a le droit d'expulser le preneur ; le propriétaire-bailleur jouit de la même
prérogative, sans qu'il soit en rien nécessaire de supposer la
vente du fonds loué. C'est contre l'exercice de ce droit d'expulsion du bailleur que les fermiers ont coutume de se garan-
tir par l'insertion dans le contrat de bail d'une clause pénale
frappant le bailleur qui intenterait l'interdit contre son colo-

----

(1) Dig., *loc. cond.*, XIX, 2, l. 25 § 1. Cf. sur tout cela : *De la règle
louage passe vente*. Louis Périer, 1900. Rousseau, *Thèse Montpellier.*

(2) Dig., *eod. loc.*, l. **9**, § **1** ; l. 32.

nus [1]. L'usage de cette clause pénale ne peut s'expliquer que par la reconnaissance de la légitimité de l'expulsion.

C'était en pratique un principe assez singulier que celui qui mettait ainsi le fermier à la complète discrétion de son bailleur. Je crois que l'histoire du fermage des fonds de terre en fournit une explication assez plausible. On sait que les Romains n'ont pratiqué qu'assez tard et avec quelque répugnance le fermage des terres. Pendant de longs siècles, ils n'ont connu que l'exploitation directe ou en régie. Indépendamment des traditions qui faisaient aux Romains un devoir de cultiver eux-mêmes leurs terres et qui ne les poussaient à acquérir que des propriétés de moyenne étendue, le genre même de cultures qu'ils préféraient rendait le fermage moins avantageux et plus dangereux que la culture directe. En gens soigneux et avisés, ils s'adonnaient plus volontiers aux cultures fines, comme celles de la vigne, des arbres fruitiers, des légumes, des abeilles, etc. Leurs traités rustiques sont remplis de bonnes recettes pour faire le vin, l'huile, conserver les fruits, le miel, etc. Or, c'est pour cette forme d'exploitation que le fermage est parfois dangereux et en tout cas peu productif : il y faut toute l'industrie du maître, et l'ignorance du preneur peut y avoir de tristes conséquences. C'est ce que font ressortir tous ceux qui ont écrit sur l'agriculture, Varron, Caton, Columelle, ou même plus tard, Palladius qui s'en inspire si directement. Columelle en particulier est très explicite. Il ne conseille le fermage que quand il faut désespérer de l'exploitation directe [2], c'est-à-dire dans les pays trop éloignés, trop malsains ou trop maigres [3]. Ajoutez à cette raison technique

______

(1) Dig., *eod. loc.*, l. 54, § 1. — On sait d'ailleurs que de bonne heure le fermier a été protégé comme détenteur et même contre le bailleur par l'*actio injuriarum* ou ses succédanés comme l'interdit *quod vi aut clam.* Ihering, *Actio injuriarum*. Trad. franç., p. 59, et VI, p. 95.

(2) Columelle, *De re rustica*, I, 7. « Cum mediocris adest et salubritas et terræ bonitas, nunquam non ex agro plus sua cuique cura reddidit quam coloni; nunquam non etiam villici; nisi si maxima vel negligentia servi vel rapacitas intervenit... ».

(3) « ... operam dandam esse ut et rusticos et eosdem assiduos colonos

une considération de sensibilité qui a un grand poids à Rome, c'est la passion des Romains pour la possession et l'exploitation de la terre qu'on ne peut comparer qu'à la ténacité patiente du paysan de notre ancienne France.

La traduction juridique de ces tendances est assez variée. Le fermage des terres étant tard venu à Rome, le contrat de louage ne s'est pas toujours trouvé fort bien adapté aux usages ruraux. Ainsi on a très justement fait remarquer [1] que si le louage eût été organisé en tenant compte du fermage des terres, on n'aurait pas exigé pour la validité du contrat cette condition superflue du prix en argent, puisque c'est surtout le métayage ou colonat partiaire que nous révèle la pratique rurale. En outre, tout en étant une *locatio rei*, le fermage des terres s'est rapproché de la *locatio operarum*, soit à raison de la prépondérance accordée à l'obligation de cultiver même sur celle de payer la *pensio* [2], soit à raison de la douceur avec laquelle on traite le preneur dans la question des risques de la culture, le bailleur en assumant généralement la charge.

Enfin et surtout la loi romaine règle avec une âpre jalousie la situation du preneur vis-à-vis de sa terre, soucieuse qu'elle est, avant tout, de n'établir aucun lien juridique entre le preneur et la terre et de sauvegarder intacte la domination du *dominus*. Elle souhaiterait faire du preneur une espèce d'in-

---

retineamus, quum aut nobismetipsis non licuerit, aut per domesticos colere non expedierit : quod tamen non evenit nisi in his regionibus quæ gravitate cœli, solique sterilitate vastantur... *eod. loc.* ».

(1) Pernice, *Labeo*, I, p. 467; Girard, *Manuel élément., Louage*, II; *Éléments du contrat*, n. 3, p. 568.

(2) Dig., *loc. cond.*, XIX, **2**, l. 25, § 3, Gaius. « Conductor omnia secundum legem conductionis facere debet, et *ante omnia* colonus curare debet ut opera rustica suo quoque tempore faciat, ne intempestiva cultura deteriorem fundum faceret... » Columelle, I, 7. « Comiter agat cum colonis (dominus) facilemque se præbeat, et *avarius opus exigat quam pensiones...* Dig., *eod. loc.*, l. 9, § 2; l. 15, § 2 *in fine*. Le maître est responsable de tout ce qui « extra consuetudinem accidit », même de la trop grosse chaleur qui corrompt l'huile, etc. Cf. Cuq, *Colonat partiaire*, p. 44.

tendant intéressé bien plutôt qu'un maître temporaire comme aujourd'hui. C'est pour cela qu'elle n'accorde d'abord au preneur aucun moyen possessoire, aucun interdit : entre les tiers et lui, elle rend toujours nécessaire l'entremise du *dominus*. Ce refus d'interdit est bien significatif, puisque la loi traite avec plus de confiance le précariste et que le précariste est souvent un homme de condition aussi modeste que le fermier. C'est par application de ce même sentiment qu'elle a si longtemps laissé au *dominus* la faculté d'expulser son *colonus* en ne le soumettant qu'au tempérament de sa responsabilité pécuniaire : il paiera, mais il veut sa chose. Ajoutez d'ailleurs que ce droit d'expulsion se comprenait bien mieux encore avec l'usage des fermages à durée indéterminée ou tacitement perpétuels, comme nous les révèle la pratique rurale africaine [1] ou comme les conseille Columelle [2]. C'est le seul moyen d'empêcher l'exploitant d'exproprier lentement son *dominus*, comme cela s'est produit chez nous.

Voilà l'explication de ce droit d'expulser qu'on trouve longtemps sans restrictions et que la loi *emptorem* formule. Mais il faut s'empresser d'ajouter que de bonne heure il a commencé à souffrir bien des tempéraments.

Tout d'abord s'est introduit l'usage d'imposer à l'acheteur, par une clause de la vente, l'obligation d'entretenir le bail. La clause, signalée par Gaius, a dû prendre vite une grande importance. Nous savons qu'elle était sous-entendue dans les ventes de biens du domaine public [3]. Quelle était la portée de la clause? Dès le II⁰ siècle, il est à croire qu'elle engendrait une véritable prohibition à l'expulsion au profit du preneur d'un bien du domaine public : c'était en effet le seul moyen pour le fisc de se mettre à l'abri du recours du fer-

<hr>

(1) Inscr. d'Henschir Mettich, III, 7; Cuq, *Colonat*, p. 23.

(2) Colum., I, 7. « Sed et ipse nostra memoria veterem consularem virumque opulentissimum L. Volusium asseverantem audivi felicissimum fundum esse qui colonos indigenas haberet et tanquam in paterna possessione natos, jam inde a cunabulis longa familiaritate retineret.

(3) Dig., *De jure fisci*, XLIX, 26, l. 50.

mier. L'effet prohibitif de la clause ne doit pas cependant remonter bien haut, même dans les aliénations, puisque l'opinion de Papinien est qualifiée par Paul dans la loi 50 de *nova sententia :* Papinien paraît s'être toujours beaucoup intéressé au sort du *colonus.* J'en donnerai plus loin un autre exemple. C'est peut-être à l'instar de ces aliénations publiques que l'usage fut pratiqué par les particuliers. La loi 50 nous dit, en effet, que la clause mettait le preneur dans la même situation où se trouverait le fisc, c'est-à-dire qu'elle mettait obstacle aussi à l'expulsion. C'était déjà une atteinte sérieuse à la toute-puissance du droit réel de l'acheteur : il se trouvait qu'une convention engendrant un droit personnel pouvait en paralyser l'exercice.

Bien plus, en l'absence même de clause de ce genre, il est à croire qu'on avait encore enchaîné parfois cette toute-puissance. Dans deux lois du Digeste, l'une de Marcellus et l'autre de Papinien [1], se trouvent en conflit le *colonus* et l'acheteur du fonds. Le *colonus* s'est refusé à laisser l'acheteur pénétrer sur le fonds au moment où il en vient prendre possession. Papinien n'hésite pas à dire que le *colonus* sera, pour sa résistance, passible de l'interdit *unde vi* intenté par le vendeur. Sa résistance à la prise de possession par l'acheteur est une expulsion violente du *dominus*, puisque d'une part l'acheteur était le mandataire de celui-ci et que de l'autre le vendeur ne renonçait à sa possession, par la cession qu'il en faisait à l'acheteur, qu'au profit de celui-ci et qu'autant que la prise de possession par l'acheteur aurait eu lieu. La solution se comprend fort aisément.

Mais Marcellus y apporte une réserve : il cesse d'accorder l'interdit au *dominus* si le *colonus* pouvait invoquer, pour résister aux entreprises de l'acheteur, une *justa et probabilis causa.* Il y a donc des cas où l'interdit *unde vi* ne va plus fonctionner au profit du *dominus* ou de son acheteur, et où

____

(1) Dig., *De vi et de vi armata*, XLIII, 16; Marcellus, l., 12; Papinien, l., 50.

le *colonus* va rester en possession, en vertu de son seul titre de
colonus, sans pouvoir être expulsé, ce qui est contraire aux
principes antérieurement admis. La chose n'est pas très sur-
prenante, car, sous l'Empire, droits personnels et droits réels
commencent à se pénétrer les uns les autres. De même que
l'*actio injuriarum* [1] parvenait auparavant à remplir la fonc-
tion d'un moyen possessoire au profit du fermier, de même
on admet que l'exception née du contrat de louage pourra
servir à paralyser l'exercice d'une action réelle. Cette conclusion générale est acceptée aujourd'hui par les romanistes,
malgré leur désaccord sur l'interprétation de la réserve de
Marcellus [2]. Et c'est le point qui nous importe le plus. Quant
à la réserve de Marcellus, sa portée est fort incertaine. Quelle
est cette *justa et probabilis causa* ? M. Windscheid [3] suggère
qu'il peut s'agir d'un *colonus* qui prétendrait posséder pour
lui-même et alléguerait une *justa causa possessionis*. M. Ihering [4] préfère supposer que le *colonus* ou bien invoque son contrat de louage et l'obligation du bailleur de le faire jouir, ou
bien allègue un droit au remboursement des impenses nécessai-

---

(1) Ihering, *Actio injuriarum*, p. 59-97. Trad. franç.

(2) Windscheid, *Lehrb. der Pandektr.*, 8ᵉ aufl. II. § 400, note 7, p. 678.
Wenn aber aus der eigenen Erklärung des Vermiethers in der Klage eine
Verpflichtung desselben, dem Miether die Sache zu lassen hervorgeht, kann
dem letzterem nicht verwehrt werden, diese Verpflichtung auch gegen die
possessorische Klage einredeweise geltend zu machen — Ziebarth. Die
Realexecution u. d. Obligation.

(3) Windsch., *op. cit.* l. 12, und. l. 18. 43. 16. D. gehören nicht hierher.
Sie handeln von dem Falle, wo der Miether die Sache nicht kraft seines
Miethr. retinisen, sondern als eigene besitzen will. Derzwegen darf man
auch nicht, wie auch ich in der ersten Auflage gethan habe, einen Schutz
des Miethers gegen die possessorische Klage des Vermiethers aus den
Schlutzworten der l. 12 cit. « nisi forte justam et probabilem causam id fe-
cisset » herleiten wollen. Diese wollen eben nur sagen, datz in der Reten-
tion auf Grund des Miethvertrags keine Besitzentsetzung liege — M. W.
ne donne d'ailleurs aucune raison de son changement d'opinion ni aucune
justification de sa nouvelle interprétation.

(4) Ihering, *Du rôle de la volonté dans la possession*, Trad. franç., p. 375,
et note 223.

res et exerce de ce chef une sorte de droit de rétention. Le texte
est trop bref pour ne pas rester énigmatique. L'interprétation
de M. Ihering est plus séduisante : rien dans la première partie du texte ne laisse supposer chez le *colonus* une prétention
possessoire et il n'eût pourtant pas été inutile de s'en expliquer. Peut-être d'ailleurs que Marcellus a employé cette formule vague, justement pour y tout comprendre, à la fois
l'hypothèse de M. Windscheid et celle de M. Ihering. En
tout cas ce dissentiment est peu important pour nous puisque
les deux adversaires sont d'accord sur la conclusion qui
nous intéresse et que je veux seule retenir.

Les deux mêmes textes de Marcellus et de Papinien prévoient encore un autre événement : postérieurement à la résistance du *colonus* à l'acheteur, un étranger dans le texte
de Marcellus, l'acheteur lui-même dans celui de Papinien, a
fini par enlever violemment la possession matérielle de la
terre au *colonus*. Il s'agit de savoir si cette nouvelle violence
entraîne une sanction et au profit de qui. Marcellus et Papinien sont encore d'accord pour donner l'interdit *unde vi* au
colonus contre le *dejiciens* quelle que soit sa qualité. Le *colonus*, malgré sa mauvaise conduite vis-à-vis du *dominus*, n'a
pas perdu à l'égard des tiers la détention qui suffit à donner
le bénéfice de l'*unde vi*. Mais, dans le texte de Papinien, la
question se trouve compliquée par la qualité du *dejiciens* qui
est justement l'acheteur. Papinien suppose même que l'acheteur a reçu mandat du vendeur d'expulser le *colonus* et il le
rend néanmoins et malgré ce mandat passible de l'interdit,
car, dit-il, le mandat est illicite. On considère et avec raison
comme fort singulière cette allégation du caractère illicite du
mandat. Elle est, à proprement parler, inexplicable. Comment
le mandat pourrait-il être illicite alors que l'acte confié par
le mandat ne l'est pas ? On n'entrevoit que deux explications :
ou bien l'expulsion du *colonus* par le *dominus* n'est plus licite,
à raison de l'obligation du bailleur de faire jouir, ou bien
c'est le mandat donné à un autre d'exercer une violence légi-
time qui prend le caractère illicite, la violence apparaissant

comme moins dangereuse pour l'ordre public entre deux per-
sonnes déjà liées l'une à l'autre, comme le *dominus* et le *colonus*, qu'entre deux étrangers. La seconde interprétation est
bien subtile. Et quant à la première, elle serait en contradiction avec le commencement de la loi, puisque c'est en se
fondant sur le droit du *dominus* d'expulser son *colonus* qu'on
justifie son recours à l'interdit *unde vi* contre le *colonus* au
cas de résistance de celui-ci [1]. Après tous les essais infruc-
tueux d'explication satisfaisante, je crois bien qu'il faut voir
dans ce texte une manifestation du trouble jeté dans l'opinion et dans les solutions un peu abruptes du droit classique
par les progrès du droit du preneur. Dans la première partie,
Papinien se refuse à tolérer cette sorte de révolte du *colonus*
contre le *dominus* : c'est le juriste du passé qui parle. Mais quand
on place le *colonus* en face de l'acquéreur, homme encore sans
droit, peut-être simple spéculateur, il en est autrement. Toute
violence de sa part est inadmissible, même s'il en a obtenu
mandat, d'autant mieux que le *colonus* peut avoir à régler
avec son *dominus* des comptes qu'on solderait dans l'interdit
exercé par le *dominus*, mais que l'acheteur refuserait peut-
être de reconnaître ou de prendre en considération s'il était
déjà nanti de la possession et qu'il échappât à l'*unde vi* du *colonus*. Quelle que soit l'explication de l'énigme de Papinien,
on peut donc au moins dire que sa décision, toute favorable
au *colonus*, reflète quelque méfiance vis-à-vis de l'acheteur et
s'inspire du désir de sauvegarder les droits du *colonus* à l'en-
contre du *dominus* et surtout de ses ayants cause [2].

De tout cela, il me semble qu'on peut sans témérité con-
clure : 1° que le droit de l'acheteur d'expulser le colonus,
même au cas où aucune clause d'entretien du bail n'a été
inscrite dans le contrat de vente, souffre exception, dans la
seconde moitié du IIe siècle, si le colonus a une *justa causa*

(1) Ihering, *eod. loc.*

(2) J'ai déjà signalé plus haut dans la loi 50 *de jure fisci* l'esprit novateur
et compatissant de Papinien au profit du *colonus*.

de conserver la détention de la chose, traduisons s'il a des raisons d'ordre personnel et contractuel à faire valoir ; 2 que la faculté du *dominus* d'expulser est jugée particulièrement immorale dans son exercice par l'acheteur.

Certains vont plus loin encore et estiment même que le droit d'expulser de l'acheteur a complètement disparu au cours du IIe siècle. M. Ihering aboutit à cette conclusion de deux manières :

1° (1) Le droit d'expulsion de l'acheteur reposant sur son droit de propriété dont il est une suite, n'existe qu'autant et après que la propriété a été acquise par l'acheteur. Or, eu égard au procédé de transfert employé à cette époque, en pratique c'est-à-dire à la tradition, il faut, pour l'accomplissement du transfert, que l'acheteur ait pris possession de la chose. C'est par la prise de possession qu'il acquiert la propriété, et cette prise de possession ne peut avoir lieu, de l'aveu de Marcellus et de Papinien, que du consentement du colonus. C'est le colonus qui détient la chose et l'acheteur ne peut pas lui enlever cette détention et par suite prendre possession malgré lui, puisque s'il le faisait, il serait passible de l'interdit *unde vi*. Le droit d'expulser qui est la suite de la prise de possession ne naît donc au profit de l'acheteur que du consentement préalable du preneur. Celui-ci ne le donnera qu'à bon escient et après avoir pris ses sûretés. M. Windscheid (2) ne va pas tout à fait aussi loin que M. Ihering, mais

---

(1) Ihering, *op. cit.*, p. 383... Par *venditio* ils (ces textes) entendent non point la simple conclusion du contrat consensuel, mais sa réalisation au moyen de la tradition de la chose... Si la tradition a eu lieu, tout est dans l'ordre... il n'y a rien qui s'oppose au droit d'expulsion de l'acheteur... (Mais) le locataire ne doit pas souffrir la tradition à l'acheteur : *celle-ci ne peut avoir lieu sans son assentiment...*

(2) Windscheid, II, § 400, n. 7, p. 677. « Ist die ganze Sache vermiethet, sokann der Vermiether die zur Veräusserung erforderliche Tradition (wenn sie erforderlich ist) gegen den Willen des Miethers nicht beschaffen. Er kann den Erwerber durch constitutum possessorium zum Besitzer machen » (l. 30, § 6, D. 41, 2). *Aber diese Besitzesverschaffung reicht zur Eigenthumverschaffung nicht hin.* — Cf. Windsch., I, § 155, p. 684, n. 8 b, 8 c.

aboutit à un résultat à peu près semblable : il admet que l'acheteur peut acquérir la possession par le constitut possessoire du vendeur, c'est-à-dire sans le consentement du preneur. Mais il estime que l'acquisition de la possession n'entraîne pas alors acquisition de la propriété.

2° (1) La loi *æde* conduirait au même résultat. En fixant dans ce texte les cas dans lesquels le *dominus* peut expulser son locataire, la loi *æde* donnerait la conclusion de toute l'évolution antérieure. Au lieu de laisser à l'arbitraire du juge le soin de déterminer si le colonus peut ou non résister légitimement à l'expulsion, l'Empereur aurait fixé lui-même les cas où il en est ainsi, ou plutôt les hypothèses où au contraire le droit d'expulsion subsiste. Ces hypothèses sont au nombre de trois. Parmi elles n'est pas compris le cas de vente du fonds. Dès lors, depuis Caracalla ou Héliogabale il ne serait plus vrai de dire qu'en principe, l'acheteur peut expulser le colonus : la règle aurait été renversée. Elle serait devenue l'exception et l'exception serait devenue la règle.

Si on acceptait ces solutions, la loi *Emptorem* n'aurait eu aucun sens ni aucune portée dès le moment où elle aurait été édictée. La consolidation du droit du colonus aurait été achevée dès le début du iii° siècle au moins vis-à-vis de l'acquéreur.

Je suis bien tenté d'écarter les deux dernières conclusions que je viens d'indiquer. La loi *æde* limite sans doute le droit d'expulsion du *dominus*, mais rien ne dit qu'elle ait eu pour

______

(1) Ihering, *op. cit.*, p. 380 et suiv. « Marcellus avec la jurisprudence antérieure s'en tint à la légitimité en principe du droit d'expulsion et s'éleva seulement jusqu'à l'idée qu'*exceptionnellement* il peut faire défaut. Antonin le Pieux (c'est sans doute par un *lapsus calami* qu'Ihering attribue la constitution à Antonin : la suscription l'attribue à *Antoninus*, terme qui ne désigne pas Antonin, mais un des empereurs postérieurs, Caracalla ou Héliogabale) déclare le droit d'expulsion aboli en *principe* et ne l'admet plus que dans des cas exceptionnels. Le rapport entre la règle et l'exception est ainsi chez l'un et chez l'autre entièrement opposé : l'exception de Marcellus est devenue la règle, et la règle l'exception ».

but d'écarter le droit de l'acheteur. L'argument *a contrario* tiré par Ihering aurait peut-être besoin de confirmation pour être acceptable. Enfin la loi *æde* ne prévoit que la location des maisons : rien ne dit qu'il faille l'étendre à la location des terres. Ce fut peut-être une satisfaction donnée à la plèbe urbaine si turbulente et si dangereuse et à laquelle ne participait pas la classe rurale. L'affirmation relative à la nécessité du consentement du colonus pour l'efficacité de la tradition est plus inquiétante. Pourtant la règle eût été bien grave et de nature à porter une singulière atteinte au crédit de la propriété bâtie. D'autre part, elle eût été, pour les fonds de terre, d'une application plus rare qu'on ne pense. Il faut songer, en effet, au nombre considérable de tenures inférieures perpétuelles pour lesquelles la règle n'était en fait guère applicable : son application eût en effet mis l'aliénation de la terre par le propriétaire à la discrétion des *coloni*. Et enfin la plupart du temps, le maître ayant conservé sa villa, son habitation et une large exploitation directe, comment pourrait-on prétendre que la tradition de la villa, du *mansus indominicatus*, comme on dira plus tard, n'emportât pas en soi et malgré les *coloni*, tradition de toutes les tenures qui s'y rattachent? La règle eût tout au plus fonctionné pour les baux de cinq ans ou pour les conductions de la villa tout entière, à supposer qu'elle ne contienne aucune habitation de maître.

Mais, même si nous écartons ces dernières prétentions, il n'en reste pas moins sensible, et c'est le grand mérite de de M. Ihering de l'avoir mis en pleine lumière, que le droit d'expulsion du *dominus* et celui de l'acquéreur ont subi une dégradation croissante. La marche de cette dégradation n'est pas douteuse, soit qu'on la suive dans l'examen des causes qui permettent au colonus de résister à l'expulsion, soit qu'on la constate dans la croissance jusqu'à une efficacité prohibitive et réelle de la clause d'entretien du bail. La loi *æde* appartient probablement à la même poussée coutumière et en est le prolongement. La suite logique et dernière eût été de

sous-entendre dans toutes les ventes, même au cas de silence
des parties, la clause d'entretien du bail et d'élargir l'effet
de la clause jusqu'à en tirer pour le preneur un droit réel
opposable à l'acheteur. Il n'est pas douteux que le droit romain allait y arriver. La meilleure preuve en est dans le
cours des transformations postérieures qu'il a subies, lorsque
eut cessé l'influence éphémère de la loi *Emptorem*.

Toute cette évolution a donc été coupée, suspendue, par
la loi *Emptorem*, laquelle a tenté de restaurer dans sa rigueur
antique le droit d'expulsion, soit qu'on l'examine en lui-même
et qu'on constate l'omission, dans la loi, des tempéraments
qui y avaient été apportés, soit qu'on s'occupe de l'effet de
la clause d'entretien du bail, réduit à un caractère essentiel-
lement personnel et relatif. C'est une sorte de recul, de pas
en arrière que marque cette fameuse constitution, d'autant
plus singulier qu'après la courte réaction qu'elle symbolise,
les choses ont repris leur cours régulier et qu'au ive siècle
le droit d'expulsion a complètement disparu.

Mais alors un dernier problème se pose. Si la loi *Emptorem*
est une disposition que ne justifient ni les traditions qui la
précèdent immédiatement ni les tendances de l'avenir, si elle
n'est qu'une résurrection un peu factice d'un passé déjà disparu, peut-être faut-il chercher dans les événements de cette
époque de quoi en expliquer l'apparition, de quoi justifier ce
retour offensif, cette réaction contre des changements sociaux
déjà commencés. Est-il possible aujourd'hui de le retrouver?

III. Justinien attribue la loi *Emptorem* à l'empereur Alexandre Sévère, et nous n'avons aucune raison de ne pas le croire.
Si l'on tient compte de l'envoi à Fuscus, elle serait même du
début du principat de cet empereur, alors qu'il avait le plus
d'ardeur à faire prévaloir les principes qui devaient diriger
son gouvernement. Son biographe, Lampride nous le montre
fort empressé à restaurer dans l'État l'ordre que le principat d'Héliogabale avait détruit[1]. Sous ce dernier, on avait

______

[1] Lampridii, Alex. Sévère, XV.

vu arriver au pouvoir les représentants des classes les moins
élevées, toute une tourbe d'Asiatiques, d'esclaves et d'eunu-
ques qui faisait rougir le vieil orgueil patricien. Il purgea le
Sénat, l'ordre des chevaliers, le palais, l'administration des
provinces[1], fit appel aux juristes[2]. Il veilla à ce que la plaie
de l'usure n'aggravât pas la condition des pauvres gens[3],
mais aussi il eut soin que les esclaves portassent toujours le
vêtement de leur condition[4]. Il avait même l'intention de
donner à chaque office et à chaque dignité un costume dis-
tinct, afin de faire mieux respecter la hiérarchie sociale. Il
fallut que Paul et Ulpien s'opposassent à ce projet pour l'y
faire renoncer[5]. Tout en étant plein de mansuétude pour les
petites gens (il abaissa le taux des contributions)[6], il avait à
cœur de restaurer l'autorité des classes supérieures, ne vou-
lant confier les charges publiques qu'à des hommes riches
et en état de les faire honorer. Ce tableau de Lampride
ne permet-il pas de voir dans la loi *Emptorem* une des ap-
plications intéressantes du système de l'Empereur? C'est
comme un des derniers soubresauts du vieux régime aris-
tocratique romain que les usages orientaux vont renverser.
Il faut que, dans sa villa, le *dominus* soit le maître de tous les
hommes employés à l'exploitation, que tous restent à sa discrétion, sauf à lui à en user avec l'esprit de justice et de
haute raison qui anime souvent la noblesse romaine. Le res-
pect de la hiérarchie sociale veut que le *dominus* ne cède rien
de sa terre ni de sa magistrature en prenant un colonus.
Comment concevrait-on avec quelque décence cette lutte de
l'exploitant, homme de rien et qui n'a rien, avec le maître de
la terre?

On s'expliquerait ainsi : 1° la restriction de la loi au cas du

----

(1) *Eod. loc.*, et XIX.
(2) *Eod.*, XVI.
(3) *Eod.*, XXI et XXVI.
(4) *Eod.*, XXIV.
(5) *Eod.*, XXVII.
(6) *Eod.*, XXXIX.

colonus : ce sont les interprètes modernes qui ont fait sortir
la loi *Emptorem* de son cadre régulier pour l'étendre à toute
espèce de *locatio rerum*; 2° la fermeté de langage de l'Empereur qui tient à protester du pouvoir absolu du *dominus*;
3° enfin le peu de durée de l'application de la loi. On sait
en effet que le principat d'Alexandre Sévère fut sans lende-
main, qu'avec lui s'effondre définitivement l'ancien système
social et que la politique orientale inaugurée après l'anar-
chie est avant tout une politique de pitié pour les classes
pauvres dont la misère s'est accrue et d'ignorance vis-à-vis
de l'aristocratie qui déserte l'administration impériale.

Ed. Meynial,

Professeur à la Faculté de droit
de l'Université de Montpellier.

IMPRIMERIE
CONTANT-LAGUERRE
LVX · VITAM
BAR-LE-DUC